A MONSIEUR

CAMUS DE PONTCARRÉ,

CHEVALIER, SEIGNEUR DE VIARMES,

SEUGY, BELOY ET AUTRES LIEUX,

CONSEILLER D'ÉTAT

PREVOST DES MARCHANDS

DE LA VILLE DE PARIS.

MONSIEUR,

L'ENTREPRISE qui se fait par vos ordres sur la place de l'ancien Hôtel de Soissons, ne procurera pas seulement une décoration nouvelle à la Ville de Paris; il en résultera pour le Public une utilité réelle,

A ij

EPITRE.

fondée sur la facilité & la sureté du commerce le plus nécessaire, de celui des bleds. Je me suis proposé de donner, dans ce petit Ouvrage, une idée générale de ces travaux & de tout ce qui peut y avoir rapport. J'y fais une Description abrégée de la Colonne de Cathérine de Médicis, Monument auquel vous avez paru donner une nouvelle existence, en le conservant aux vœux d'un grand nombre de bons Citoyens qui craignoient sa démolition, & en l'affermissant au contraire sur des fondemens plus solides : je rends compte ensuite de la méthode que j'ai suivie dans la construction d'un Cadran cylindrique tracé sous vos auspices au haut de la Colonne. Tous ces objets paroissent avoir un droit particulier à votre protection ; c'est ce qui m'a fait esperer que vous daigneriez agréer l'hommage que je vous présente. Je suis avec un profond respect,

MONSIEUR,

Votre très humble & très obéissant
serviteur, PINGRÉ.

MÉMOIRE

SUR LA COLONNE

DE LA

HALLE AUX BLEDS,

ET SUR

LE CADRAN CYLINDRIQUE

QUE L'ON CONSTRUIT

AU HAUT DE CETTE COLONNE.

Par A. G. PINGRÉ, Chanoine Régulier & Bibliothécaire de Sainte-Geneviève, de l'Académie Royale des Sciences, Astronome-Géographe de la Marine.

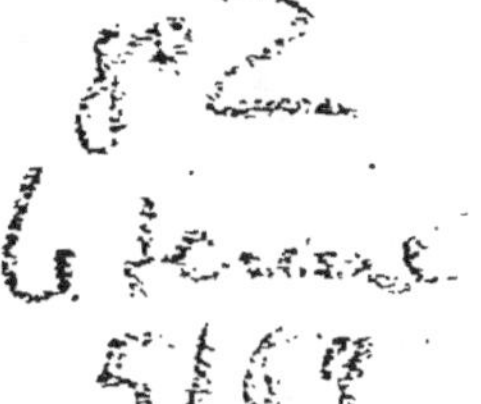

A PARIS,

Chez BARROIS, Libraire, Quai des Augustins.

M. DCC. LXIV.

MEMOIRE
SUR LA COLONNE
DE LA
HALLE AUX BLEDS,
ET SUR
LE CADRAN CYLINDRIQUE
QUE L'ON CONSTRUIT AU HAUT DE CETTE COLONNE.

JE DIVISERAI ce Mémoire en deux Parties : dans la premiere, je me propose de donner un précis historique de la construction de la Colonne & de ce qui peut y avoir rapport : dans la seconde, j'exposerai ce qui regarde le Cadran même que j'ai entrepris d'y tracer sur la proposition qui m'en a été faite par M. le Prévôt des Marchands & par Messieurs du Bureau de la Ville.

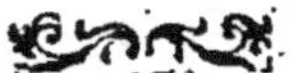

PREMIERE PARTIE.

Histoire & Description de la Colonne de la Halle aux Bleds.

L E LIEU où l'on conftruit maintenant la Halle aux Bleds étoit occupé il a quelques années par un vafte Hôtel connu fous le nom d'*Hôtel de Soiffons*. Ce lieu s'appelloit l'*Hôtel de Nefle* dans le treizieme fiécle. Jean de Nefle le tenoit de fes prédéceffeurs ; il le céda en 1232 à Saint Louis & à la Reine Blanche ; cette Princeffe y fit depuis fon féjour ordinaire. En 1296 cette Maifon paffa des mains de Philippe le Bel entre celles de Charles fon frere, Comte de Valois, d'Alençon, de Chartres & d'Anjou. Philippe de Valois, depuis Roi de France, la donna en 1327 à Jean de Luxembourg Roi de Bohême ; elle prit alors le nom d'*Hôtel de Bohême*, & par corruption de *Bohaigne*, *Bahagne*, *Behaigne*, *Bahaigne*, &c. : on la trouve dans les Chartes & les Hiftoriens de ce temps défignée par tous ces différens noms. On conjecture qu'elle a depuis appartenu au Comte d'Artois. Elle fut enfuite réunie à la Couronne par le Roi Jean : ce Prince, conjoin-

tement avec Charles son Fils, donna en 1354
l'Hôtel de *Behaigne* à Amédée VI Comte de Savoie. Cet Hôtel passa quelques années après entre
les mains des Ducs d'Anjou, Rois de Jerusalem
& de Sicile qui le vendirent douze mille francs à
Charles VI. Celui-ci le donna à Louis de France
son frere, depuis Duc d'Orléans. Enfin Louis II
Duc d'Orléans (qui fut ensuite Roi de France
sous le nom de Louis XII), le céda en 1492 ou
1493 au Filles Repenties (1). On l'avoit toujours désigné jusques-là par le nom d'Hôtel de
Behaigne, rarement par celui d'Hôtel d'Orleans;
mais il quitta ces deux noms pour prendre celui
des Religieuses qui s'y établissoient : elles y de-
meurerent tranquilles pendant l'espace d'environ quatre-vingts ans ; elles reçurent en 1572,
l'ordre d'aller s'établir ailleurs.

Catherine de Médicis regnoit alors sous le
nom de ses fils : cette Princesse portoit, dit-on,
la crédulité jusqu'à l'excès sur les rêveries de l'As-
trologie Judiciaire. S'il en faut croire quelques

---

(1) A proprement parler Louis XII ne céda aux Filles
Repenties qu'une partie de son Hôtel : mais ayant cédé le
reste en 1498 & 1499 à Pierre le Brun son Valet de Cham-
bre, & à Robert de Framezelles son Chambellan ordinaire,
il consentit à la cession que celui-ci en fit peu après aux Filles
Repenties.

Hiſtoriens contemporains , ſon horoſcope annonçoit qu'elle mourroit près de Saint-Germain ſous les ruines d'une grande maiſon. On prétend que l'horoſcope fut accompli. Catherine mourut le 5 Janvier 1589 , aſſiſtée à la mort par Laurent de Saint Germain, Abbé de Châlis, & Evêque *in partibus* de Nazareth : il ne s'étoit pas encore écoulé quinze jours depuis la ruine de la Maiſon de Guiſe ; le Duc & le Cardinal de Guiſe ayant été tués à Blóis, l'un le 23, l'autre le 24 Décembre 1588, par ordre de Henri III. Mais la mort de ces deux Princes a-t-elle entraîné la ruine de leur Maiſon ? Quoi qu'il puiſſe être de cet accompliſſement ridicule d'une prophétie imaginaire , on aſſure que la Reine fut frappée de la prédiction : elle ne voulut plus fréquenter Saint-Germain en Laye ; elle ſe propoſa de ne plus habiter le Louvre comme étant de la Paroiſſe de Saint-Germain l'Auxerrois. Déja le Palais des Tuileries s'élevoit par ſes ordres : elle apprit que ce lieu étoit encore compris dans l'étendue de la même Paroiſſe ; il fallut penſer à s'établir ailleurs. L'emplacement de l'ancien Hôtel de *Behaigne* plût à Catherine; les Filles Repenties reçurent ordre de ſe retirer dans la rue S. Denis, au Prieuré de S. Magloire , dont on transféroit les Religieux à S. Jacques du Haut-Pas. Un nou-

vel Hôtel conſtruit par les ordres de Catherine
prit le nom d'*Hôtel de la Reine.*

On fixe ordinairement à l'an 1572 l'époque de
la conſtruction du nouvel Hôtel de la Reine. Cependant *Sauval* (a) & quelques autres Auteurs ont
cru que cette conſtruction avoit été encore diffé-
rée de quelques années. En effet, l'acte d'échange
paſſé entre le Roi & les Filles Pénitentes eſt bien
daté du 31 Octobre 1572 de la part du Roi &
de la Reine, & de la part des Religieuſes, du 4
Novembre ſuivant; & les Lettres Patentes du Roi
Charles IX, pour la tranſlation des Religieux de
S. Magloire à S. Jacques du Haut-Pas, portent la
date du mois de Décembre de la même année.
Mais toutes ces tranſlations étoient accompagnées
de mille conditions propoſées par Catherine de
Médicis pour rendre ces tranſlations moins odieu-
ſes; & cela formoit un tout qui exigeoit le con-
cours de la Puiſſance ſpirituelle. Catherine de-
manda & obtint du ſouverain Pontife les Bulles
néceſſaires. Ces Bulles expédiées le premier Mars
1580, ne furent enregiſtrées que le 7 Mars 1586.
Il paroît donc que les tranſlations ordonnées par

____

(1). Hiſtoire & Antiquités de la Ville de Paris, Liv. V,
Tom. I page 579. Dom Lobineau, Antiquités de Paris,
ſeconde Partie, page 1114.

ces Bulles, n'ont pû avoir lieu qu'en cette année 1586.

Ce raifonnement feroit décifif, fi la Reine eut été moins puiffante ou moins impérieufe. Ennemie des délais, lorfque la politique n'en impofoit pas la néceffité, & d'ailleurs affurée du fuccès de fes négociations à Rome, Catherine crut pouvoir prévenir la décifion du Pape ; les fondemens du Palais qu'elle méditoit de bâtir, furent jettés dès l'année 1573. Je pourrois confirmer cette date par plufieurs autorités : une feule fuffira ; elle me paroît abfolument décifive. En fouillant la place de l'Hôtel de Soiffons pour y établir les fondemens des nouveaux édifices que l'on y conftruit maintenant, on a trouvé une pierre longue de trois pieds dix à onze pouces, fur deux pieds un pouce de largeur moyenne, & douze à treize pouces de hauteur (1). Sur une des faces, on voit un écuffon oval, parti des armes de France & de Médicis. Au bas, à la main gauche du Spectateur, on a gravé les trois lettres R. D. F., qui fignifient apparemment *Roi* ou *Reine de France* ; & à droite on voit très clairement la date de 1573. On peut voir cette pierre

---

(1) Cette pierre a été trouvée à une encognure de l'Hôtel, vers la jonction de la rue de Grenelle & de celle des deux Ecus.

chez M. le Camus de Mezieres , Architecte Expert-Juré du Roi , chargé du soin de préfider à la conftruction des édifices de la nouvelle Halle. Je ne nie pas cependant que lorfqu'on pofa cette premiere pierre , les Religieufes ne puffent encore occuper une partie de l'Hôtel ; mais il me paroît bien probable que leur tranflation fuivit de fort près cette époque.

Catherine s'étoit propofé de faire tomber la Couronne de France aux Princes de Lorraine fes petits-fils , au préjudice de l'augufte Maifon de Bourbon ; elle ne put même réuffir à leur affurer la poffeffion de fon nouvel *Hôtel de la Reine* : elle le légua en mourant à Chriftine de Lorraine , mais inutilement; fes dettes abforberent toute fa fucceffion. Le Duc de Mayenne fit de cet Hôtel fa demeure ordinaire , tant qu'il fe porta pour Lieutenant Général du Royaume. Catherine de Bourbon , Ducheffe de Bar , créanciere de Catherine de Médicis , l'achera en 1601. Trois ans après , Catherine de Bourbon étant morte , l'Hôtel fut vendu à Charles de Bourbon , Comte de Soiffons. C'eft depuis cette acquifition qu'il a porté le nom d'*Hôtel de Soiffons*. De la Branche Royale de Soiffons , il a paffé dans la Maifon de Savoie-Carignan. Plufieurs des Auteurs qui m'ont fourni les matériaux du Précis hiftorique que je viens de tracer, remarquent, avec raison, qu'il n'y a peut-être pas eu en France d'Hôtel plus noble que celui de Soiffons, eu égard à la qualité des Propriétaires qui l'ont habité. On peut dire que durant cinq cens ans il a fervi de demeure aux plus grands Princes de l'Europe.

Cathérine de Médicis avoit joint à fon Palais une Colonne qui fubfifte encore. Elle vouloit, fans doute, immortalifer fon nom par la conftruction d'un monument, qui, à quelques égards, pouvoit rappeller le fouvenir de la magnificence des Grecs & des Romains. Peut-être auffi là fuperftition infpira le deffein de cet Ouvrage; il étoit deftiné, felon le témoignage de plufieurs Hiftoriens, pour fervir de fanctuaire aux myfteres de l'Aftrologie judiciaire.

La Colonne de l'Hôtel de Soiffons a environ quatre-vingts pieds de haut, y compris fon focle, fur neuf pieds huit pouces & demi de diametre par le bas, & huit pieds deux pouces au haut du vif de la colonne. Elle a toujours été ifolée: elle eft creufe en dedans; un efcalier en forme de vis, pratiqué dans ce vuide, conduit au haut de la colonne : l'efcalier finit fix pieds environ au-deffous du couronnement; une échelle fuccede alors à l'efcalier, & l'on arrive au faîte par une trappe de deux pieds au plus en tout fens.

Ce faîte eſt ſurmonté d'une eſpece de ſphere de fer qui couronne tout l'ouvrage ; je dis une *ſphere* pour me conformer à l'uſage reçu : j'ai conſidéré attentivement ce couronnement , je n'y ai rien trouvé d'analogue à ce que nous entendons communément par le nom de ſphere armillaire ; ce ſont des cercles & des demi-cercles entrelaſſés qui ne me paroiſſent avoir aucun trait à l'Aſtronomie. Ont-ils quelque rapport avec les profondeurs de l'Aſtrologie ? On l'aſſure : mais je ne ſuis point aſſez initié dans les myſteres de cette ſcience, pour prononcer ſur cette queſtion ; ſa déciſion d'ailleurs me paroît fort peu intéreſſante.

Les ſentimens ont été partagés ſur l'ordre d'architecture, auquel il faut rapporter cette colonne. Ceux qui ont décidé qu'elle étoit de l'ordre Toſcan l'ont fait apparemment pour lui donner plus d'analogie avec la colonne Trajane. Mais la colonne Trajane appartient-elle bien déciſivement à l'ordre Toſcan ? Sa baſe eſt certainement Toſcane ; ſon chapiteau eſt trop ſimple pour pouvoir être attribué à un autre ordre : mais la proportion de ſon diametre à ſa hauteur eſt la même que dans l'ordre Dorique ; d'ailleurs la magnificence des ornemens dont elle eſt revêtue, & la naiſſance de dix-huit cannelures que l'on apperçoit près de son collier, sympathisent mal avec la simplicité de l'ordre Toscan. Il en est à peu près de même de la colonne de Catherine de Médicis. Son chapiteau est très-simple, sa base tient plus de l'ordre Dorique que de l'ordre Toscan; l'un & l'autre cependant n'ont point la hauteur qu'il conviendroit de leur donner selon les proportions de ces deux ordres. Puisque le diametre inférieur de la colonne est de neuf pieds huit pouces & demi, il paroît que la hauteur du chapiteau, & sur-tout celle de la base, devroit être de quatre pieds dix pouces & un quart : or, l'une & l'autre n'est que de deux pieds neuf pouces. On suppose (1) que l'Architecte Jean Bullant étoit géné par les circonstances du lieu où il travailloit, & l'on ajoute que la colonne, considérée de son véritable point de vue, surprend l'admiration des connoisseurs par la justesse des proportions. Mais où est ce véritable point de vue, duquel, par un effet d'optique tout-à-fait singulier, on pourra se figurer dans la base & le chapiteau de cette colonne une hauteur plus grande que leur hauteur véritable ? La hauteur de la colonne, y compris le chapiteau & la base, contient sept diametres & demi,

---

(1) Sauval, Liv. VII Tome II, page 219.

ou quinze modules, ce qui tient le milieu entre
les proportions de l'ordre Toscan & de l'ordre
Dorique : mais si l'on ne considere que le seul
fût de la colonne, la proportion du diametre à la
hauteur sera absolument Dorique. C'est enfin à
l'ordre Dorique qu'on doit rapporter les dix-huit
cannelures dont la colonne est environnée : on a
sculpté dans ces cannelures des couronnes, des
fleurs de lis, des cornes d'abondance, des mi-
roirs cassés, des lacs d'amour déchirés, des C
& des H entrelacés ; c'étoient les lettres initiales
des noms de Catherine de Médicis & du Roi
Henri II son époux. Ces cannelures sont creuses ;
elles ne sont point à vive arrête, comme elles le
font assez souvent dans l'ordre Dorique ; les
côtes qui les séparent sont cependant étroites &
comme festonnées : tous ces ornemens quadrent
mal avec la simplicité Toscane.

Mais quoi qu'il en soit de l'ordre auquel il
faut rapporter cette colonne, & même des dé-
fauts qu'il me semble qu'on ne peut s'empêcher
d'y reconnoître, on convient assez généralement
que ce monument est noble & majestueux ; qu'il
ne dépare point Paris ; qu'il mérite d'être con-
servé. Le Grand Colbert s'étoit proposé de faire
abattre l'Hôtel de Soissons ; il devoit y substituer
une place publique, & l'orner de quelque mo-

nument digne de son goût décidé pour les beaux
arts & pour la magnificence de la Capitale du
Royaume. Je crois avoir lû quelque part la description de deux bassins formés par des fontaines,
relevés par des Statues, & destinés à former l'em-
bellissement de cette place projettée : on assure
d'ailleurs que l'intention de Colbert étoit d'y
faire construire une belle Salle d'Opéra : la colonne auroit été sans doute exceptée de la des-
truction générale de l'Hôtel sous les ordres d'un
aussi parfait connoisseur. Ce projet fut suspendu
par la mort de son Auteur, arrivée le 6 Septem-
bre 1683.

Victor Amédée de Savoie, Prince de Cari-
gnan, dernier Propriétaire de l'Hôtel de Soissons, mort à Paris le 4 Avril 1741, laissoit
une succession chargée de plusieurs dettes con-
tractées en France. Les créanciers ne prévoyant
pas que ces dettes pussent être acquittées du côté
de la Savoie, obtinrent la saisie-réelle des biens
que le Prince possédoit en France, & nommé-
ment celle de l'Hôtel de Soissons. Les réparations
de cet Hôtel étoient négligées depuis plusieurs
années ; ce n'étoit point durant le cours d'une
saisie-réelle qu'on pouvoit penser à le rétablir :
les dégradations s'accumulerent & devinrent
bientôt excessives ; il ne resta plus aux créanciers

d'autre

d'autre parti à prendre que celui de demander
la démolition de l'Hôtel, & la permission d'en
vendre les matériaux & le terrein. L'une & l'autre
leur furent accordées; l'Hôtel est démoli; les matériaux en sont dispersés; le terrein a été acquis
par le Bureau de l'Hôtel de Ville de Paris, pour
être employé à l'utilité & à la décoration de la
Ville. Déja sur les ruines de l'ancien Hôtel,
par les ordres de M. de Pontcarré de Viarmes,
Prévôt des Marchands, & de Messieurs du Bureau, & sous la direction de M. le Camus de
Mezieres, Architecte, s'éleve une Halle incom-
bustible, destinée à la conservation & à la vente
des bleds & des farines. Une cour ronde, &
jugée assez vaste (1), est environnée d'un édifice circulaire de la hauteur d'environ quarante
pieds, & de quarante-cinq pieds de profondeur,
y compris les murailles; c'est dans ce bâtiment
que les grains & les farines seront mis à l'abri
des intempéries de l'air; on pourra même les
décharger à couvert. Vingt-cinq portes ou croi-
sées de front à chaque étage, tant en dedans
qu'en dehors de la cour, entretiendront la libre
communication de l'air extérieur avec l'air in-
térieur, lorsque cela deviendra nécessaire. La
pierre de taille & la brique auront seules le

____

(1) Elle a 120 pieds de diametre.

B

privilege d'entrer dans la construction de cet
édifice : on obvie par là aux accidens que le feu
pourroit occasionner. La Halle sera entourée
d'une rue circulaire de trente neuf pieds de largeur : six autres rues en forme d'étoile, & larges
de vingt-quatre pieds, faciliteront la communication de la rue principale avec les rues &
les carrefours voisins.

Un Particulier, amateur zélé, dont le nom
n'a pas besoin de mes éloges, M. de Bachaumont, apprit que l'on vendoit les matériaux de
l'Hôtel de Soissons ; il craignit que la colonne
ne fût enveloppée dans la démolition générale.
Elle menaçoit ruine, étant en danger de s'écrou-
ler par ses propres fondemens : l'idée de sa des-
truction prochaine frappe vivement M. de Bachaumont : il se présente à la licitation ; & bien
résolu de la soustraire au désastre dont elle est
menacée, il en offre le plus haut prix ; elle lui
est adjugée. On a gravé, en 1761, le Portrait
de ce généreux Citoyen : il est représenté assis
tranquillement dans un fauteuil, les yeux fixés
sur la colonne qui est devant lui : on lit au bas
de l'estampe, *Columna stante quiescit* (1).

______

(1) J'ai obligation à M. de Mairan, non-seulement d'un
exemplaire de cette estampe, mais encore de la plus grande
partie des détails dans lesquels j'entre ici au sujet de M. de
Bachaumont.

L'exemple de M. de Bachaumont fit impreffion : les Chefs du Bureau ne voulurent point
qu'il fût dit qu'un fimple Citoyen les avoit fur-
paffés en zele & en générofité : animés probablement par le Miniftre éclairé (2) qui dirigeoit
alors les opérations de la Ville , ils racheterent
la colonne des mains de M. de Bachaumont ,
& délibérerent fur l'ufage qu'il convenoit d'en
faire pour l'embelliffement de la nouvelle place
de la Halle aux Bléds. Le premier deffein fut de
la transporter au milieu de cette place : j'ai vû
chez M. le Camus de Mézieres le modéle de la
machine que cet ingénieux Artifte avoit propofée
pour cette opération. Elle auroit fans doute réuffi ;
mais on crut devoir s'arrêter au parti le plus
fûr ; & d'ailleurs on craignit que la colonne au
milieu de la place n'embarraffât les voitures qui
s'y rendront en foule pour le tranfport des grains
& des farines. La colonne n'a donc point changé
de place , mais elle a été reprife fous œuvre :
établie maintenant fur des fondemens plus foli-
des , elle eft à l'abri de l'injure des temps : elle
fera pour nos arriere-neveux un monument ftable
& permanent de la magnificence de Catherine
de Médicis , du goût & des talens de Jean Bullant , du patriotifme de M. de Bachaumont , du

---

(1) M. le Comte d'Argenfon.

zele & des lumieres de M. de Pontcarré de Viarmes.

Mais il ne fuffifoit pas de conferver la colonne : quelle figure auroit fait une telle maffe plaquée en quelque forte contre l'enceinte extérieure de la Halle nouvelle ? M. de Viarmes décida qu'il falloit la rendre auffi utile qu'elle le pouvoit être ; & cet avis étoit trop fage pour ne pas être celui de tout le Bureau. Il eft donc arrêté qu'au bas de la colonne on pratiquera une fontaine, dont l'utilité ne fera pas équivoque. Il feroit à defirer, il eft vrai, que la magnificence de cette fontaine répondît au goût décidé des Chefs du Bureau, & aux talens de celui qui doit en diriger la conftruction ; mais c'eft ce que les circonftances du lieu ne me paroiffent pas pouvoir permettre. Quant au corps même de la colonne, il a été délibéré qu'elle feroit rendue aftronomique, d'aftrologique qu'elle étoit, dit-on, dans fa premiere deftination. M. de Viarmes en conféquence m'a fait l'honneur de me propofer d'y tracer un cadran qui marquât non-feulement toutes les heures du jour, mais encore l'entrée du Soleil dans tous les Signes du Zodiaque. C'eft de ce cadran dont il me refte maintenant à donner la defcription.

SECONDE PARTIE.

Du Cadran tracé sur la Colonne de la Halle aux Bleds.

MONSIEUR LE ROI l'aîné, Horloger du Roi, de l'Académie d'Angers, proposoit, il y a cinq ans (1), de faire servir la colonne même de gnomon, à l'exemple de celui de cent quatre-vingts pieds Romains qu'Ulugh-Beigh fit construire en 1437. Auguste avoit aussi fait élever à Rome, dans le champ de Mars, un obélisque de cent vingt pieds de haut, sans y comprendre la base (2), destiné aux usages des cadrans. *Voyez* Pline, Hist. Natur. (l. 36), c. 10, (n. 15). On peut conclurre en effet des paroles de Pline, que cet obélisque, par l'extrémité de son ombre, indiquoit les heures inégales du jour, la longueur des jours, le lieu du Soleil dans le Zodiaque, &c. Il seroit à desirer qu'on pût faire servir notre colonne aux mêmes usages : on pourroit même faire plus, en pratiquant dans le

______

(1) Etrennes Chronométriques 1760, septieme Partie, art. 9, pag. 248 & suiv.

(2) Je copie M. le Roi : Pline qu'il cite ne détermine pas la hauteur du Gnomon.

couronnement de la colonne des efpeces de tuyaux deftinés à recevoir différens verres obje-ctifs : ces verres porteroient l'image du Soleil fur des plaques pofées en divers endroits de la méridienne : on détermineroit par ce moyen la déclinaifon du Soleil en divers temps de l'année, la variation de l'inclinaifon de l'Ecliptique, &c. c'eft ce que l'on a fait dans l'Eglife de S. Sulpice, fous la direction de M. le Monnier. On ne peut nier que cette idée ne fût grande, noble, digne du goût éclairé de M. de Viarmes, & véritable-ment utile pour le progrès de l'Aftronomie. Mais fon exécution ne s'accordoit point avec les vues prudentes du Bureau : il auroit fallu facrifier un terrein affez confidérable, qui auroit dû même être inacceffible à toutes voitures ; d'ailleurs les circonftances actuelles dictoient à Meffieurs du Bureau que l'utilité publique devoit ici l'em-porter fur l'utilité particuliere de l'Aftronomie. La nouvelle Halle étoit le principal objet, le refte n'a dû être traité que comme acceffoire. Ceux qui voudront bien jetter un coup-d'œil fur les grandes entreprifes que l'on fait maintenant, tant pour l'utilité que pour la décoration de la Ville, conviendront fans peine de la fageffe, & peut-être même de la néceffité des délibérations du Bureau fur les acceffoires de la nouvelle

Halle. Enfin les conſtructions déja faites rendent
l'idée de M. le Roi abſolument impraticable ; la
colonne eſt tellement ſituée à l'égard de la Halle,
que l'ombre du gnomon qu'on y pratiqueroit
parcourroit les combles des nouveaux édifices
durant plus de la moitié de l'année.

D'autres auroient deſiré qu'on s'en tînt à une
ſimple méridienne verticale tracée ſur le fût de
la colonne, on auroit pû la faire à beaucoup
plus grand point, & par cela même elle auroit été
d'une bien plus grande utilité : tel étoit le ſenti-
ment de l'Académie, & je n'ai point eu de peine
à m'y rendre. Mais on a conſidéré qu'il ſeroit
difficile d'affermir le gnomon à une diſtance de
la colonne aſſez grande pour donner à la méridienne vingt-cinq à trente pieds de hauteur,
comme je l'aurois deſiré ; on a ajouté que ſou-
vent on perdoit l'inſtant de midi par l'obſtacle
que le mauvais temps y apportoit ; qu'il ſeroit
utile de pouvoir connoître l'heure toutes les fois
que le Soleil pourroit l'indiquer ; que le but
qu'on ſe propoſoit n'étoit point de mettre les gens
oiſifs à portée de regler leurs montres à l'heure
préciſe de midi ; que ceux-là pouvoient ſe ſatis-
faire, non-ſeulement en mille autres endroits
de la Ville où l'on avoit tracé d'excellentes mé-
ridiennes, mais au cadran même de la nouvelle

Halle, où apparemment la ligne de midi ne seroit pas oubliée ; que l'intention du Bureau étoit que ceux que le commerce des grains atti-reroit ou retiendroit à la nouvelle Halle euffent toute la commodité poffible pour connoître le temps de leur arrivée, la durée de leur féjour, & l'heure qu'ils jugeroient la plus commode pour leur départ. Je me difpofai donc à faire un cadran tel qu'on me l'avoit demandé d'abord.

J'ai parcouru tous les traités de Gnomonique qui me font tombés fous la main, je n'y ai trouvé aucune méthode fatisfaifante pour l'objet que je me propofois. Ici on ne parle que de cadrans cylindriques polaires, c'eft-à-dire de ceux qu'on traceroit fur des cylindres dont l'axe feroit dirigé au pole; là on expofe la méthode de tracer un cadran fur un cylindre mobile & portatif. Quelques Auteurs enfeignent, il eft vrai, la maniere de marquer les heures fur un cylindre ftable & vertical : un anneau placé horizontalement, concentrique au cylindre, & d'un rayon plus long que celui du cylindre, mais pris d'ailleurs à difcrétion, fait ombre fur la furface cylindri-que, & fert de ftyle : outre les lignes des heures on peut marquer fur ce cadran celles des Signes du Zodiaque. Un cylindre vertical expofé aux rayons du Soleil aura toujours la moitié de fa

furface éclairée, tandis que l'autre moitié reftera
dans l'ombre : les deux lignes verticales qui fé-
parent ces deux moitiés font appellées *lignes
d'ombre* du cylindre. Or l'interfection d'une
de ces lignes d'ombre choifie à volonté par le
conftructeur du cadran, de l'ombre du ftyle, &
d'une des lignes deftinées à indiquer le lieu du
Soleil, fera connoître en même temps & l'heure
actuelle, & le lieu du Soleil dans l'Ecliptique.
Cette méthode eft certainement ingénieufe ; j'en
ai trouvé la defcription dans le P. Kircher, dans
le P. Dechalles ; dans le P. de Sainte Marie
Madeleine, dans les Récréations mathématiques
de M. Ozanam ; dans plufieurs autres Traités
de Gnomonique. Mais cette méthode fatisferoit-
elle aux defirs de la Ville ? Soupçonneroit-on
aifément la maniere de déterminer l'heure par
la rencontre de plufieurs lignes dont on n'auroit
probablement aucune idée bien diftincte ? En
accordant même à cette méthode un caractere
d'évidence & de fimplicité qu'elle n'a pas ; feroit-
on bien affuré de pouvoir faifir avec exactitude
la ligne d'ombre du cylindre, & de diftinguer
avec précifion l'ombre véritable d'une pénombre
très fenfible qui la précede ordinairement, fur-
tout fur la furface des corps fphériques & cylindriques ?

Ne croyant donc pouvoir mettre en exécution aucune des méthodes proposées dans les Traités de Gnomonique, j'ai repris une idée que j'avois eue d'abord : elle étoit fort simple ; c'étoit de tracer trois cadrans verticaux sur le cylindre; l'un exposé directement au Midi, auroit marqué les heures depuis neuf du matin, jusqu'à trois du soir ; les deux autres tournés directement à l'Est & à l'Ouest, auroient indiqué les autres heures. Je calculai les hauteurs que je donnerois aux styles droits : des styles de deux pieds étoient de beaucoup trop longs pour me permettre de tracer sur les cadrans toutes les projections qu'on désiroit de moi : en réduisant les styles à la longueur d'un pied, il étoit encore impossible de projetter l'intersection de la ligne de neuf heures du matin, ou de trois heures du soir, avec le parallele du tropique de l'Ecrevisse. Il est facile de concevoir que je ne pouvois diminuer cette longueur des styles, que je ne pouvois même m'en contenter sur une colonne aussi haute que celle-ci, sans exposer l'ouvrage aux justes reproches de la disproportion la plus révoltante. En multipliant le nombre des cadrans partiaux, je multipliois nécessairement les dangers de la confusion : huit heures du matin, une heure du soir, midi, onze heures du matin, quatre heures

du foir, &c. tel étoit l'ordre des heures aux envi-
rons de la méridienne, & les lignes qui défi-
gnoient ces heures, s'entrecoupoient tant en-
tr'elles qu'avec les arcs des fignes en divers fens
qui ne pouvoient manquer d'embarraffer diver-
fement les fpectateurs. La fimplicité doit être
regardée comme une qualité abfolument effen-
tielle à un ouvrage public. D'ailleurs, en multipliant les cadrans, je ne remédiois qu'impar-
faitement au premier inconvénient. J'ai calculé
qu'un ftyle de deux pieds ceffoit de projetter
l'extrêmité de fon ombre fur le cylindre bien
avant une heure & demie, lorfque le Soleil
étoit vers le tropique du Cancer. J'ai donc été
obligé de renoncer à cette idée.

La Gnomonique n'eft autre chofe que l'art
de projetter fur une furface quelconque les cercles que nous imaginons dans la fphere célefte,
& fur-tout les cercles horaires & les paralleles à
l'Equateur. C'eft de cette feule définition que j'ai
conclu la méthode fuivante de tracer un cadran
fur une furface cylindrique & verticale. Je crois
que cette méthode eft la plus fimple de toutes;
je la donne de plus pour nouvelle; peut-être ne
l'eft-elle pas, mais il eft certain que je ne l'ai
vue nulle part. Avant que de l'expofer, je remar-
querai que la colonne de la Halle aux Bleds n'eft

pas parfaitement cylindrique : elle eſt d'abord
ſujette à une dégradation eſſentielle à la per-
fection de toute colonne réguliere : à cet égard,
elle eſt plutôt un cône tronqué qu'un véritable
cylindre : elle eſt outre cela cannelée. La figure
de la colonne ne pouvoit que rendre la conſtruction du cadran plus longue & plus difficile ; les
cannelures occaſionnoient un inconvénient plus
eſſentiel. J'avois expoſé aux yeux, & ſoumis au
jugement de l'Académie la méthode, ſelon laquelle je me propoſois de tracer le cadran : l'A-
cadémie l'honora de ſon approbation ; mais elle
jugea que les cannelures pouvoient occaſionner
une confuſion d'ombre incommode pour le Public ; & c'étoit en partie ſur cette raiſon que
cette ſavante Compagnie fondoit le deſir qu'elle
témoignoit avoir, qu'on s'en tînt à une méridienne à grand point. Mais on vouloit un cadran :
en conſéquence, pour remédier à l'inconvénient
que l'Académie faiſoit enviſager, M. le Camus
de Mezieres a non-ſeulement fait remplir les
cannelures ; mais il a ordonné de rendre la colonne parfaitement cylindrique, ce qui forme
une eſpece de tambour, haut ſeulement de neuf
pieds, vers les deux tiers de la hauteur de la
colonne, ou à cinquante pieds d'élévation. Il ne
ſeroit pas difficile de prouver que cette eſpece

de plate-bande chargée d'un cadran, & probablement de quelques autres décorations, ne fera point un effet disgracieux. Je viens à l'exposition de la méthode dont j'ai parlé:

Portant les yeux de l'imagination sur une sphere inscrite à un cylindre vertical, sur l'axe de cette sphere dirigé aux pôles du monde, sur les cercles horaires & les azimuths ou cercles verticaux qu'on peut tracer sur sa circonférence, j'ai réfléchi sur l'effet que devoit produire l'intersection des plans de tous ces cercles, avec la surface du cylindre. J'ai vu d'abord que le cylindre touchoit la sphere par la circonférence d'un cercle horizontal que je prends pour *l'horizon du cylindre* ou du cadran. Cet horizon est coupé en différens points par les cercles horaires; & par ces points d'intersection il est facile d'imaginer autant de cercles verticaux, qui y couperont obliquement les cercles horaires : la projection de tous ces azimuths se fait sur le cylindre par des lignes droites & verticales, & le Méridien étant un cercle vertical se projettera par une ligne méridienne pareillement droite & verticale. La projection des autres cercles horaires ne pourra se faire par des lignes droites, mais par des lignes elliptiques plus ou moins inclinées vers la méridienne, jusqu'à ce qu'elles la renconrrent toutes en un même point. Ce point fera la projection du pole auftral ; ce fera la rencontre de l'axe de la fphere prolongé avec la furface du cadran ou du cylindre ; & comme dans les autres cadrans la projection d'un des deux pôles forme le point de réunion de toutes les lignes horaires, & eft appellée *centre du cadran*, il paroît que l'on peut donner ce même nom à la projection du pôle auftral fur le cadran cylindrique, puifque toutes les lignes horaires fe réuniffent pareillement à ce point (1).

I. On trouve facilement la diftance de la méridienne aux autres lignes horaires, prife fur la circonférence de l'horizon du cylindre. Il fuffit pour cela de réfoudre un triangle fphérique rectangle, dont les côtés font la partie du Méridien, terminée par le pôle & l'horizon ; la partie d'un autre cercle horaire quelconque, comprife pareillement entre l'horizon & le pôle ; & la partie de l'horizon renfermée entre ces deux cercles. L'angle que l'horizon fait avec le Méridien, eft droit ; on connoît de plus la partie du Méridien comprife entre le pôle & l'horizon ;

(1) Je ne prétends pas pour cela qu'il y ait une parfaite analogie entre ce centre & les centres des autres Cadrans : le centre d'un Cadran repréfente ordinairement le centre de la fphere ; ici c'eft un des pôles qui eft repréfenté.

on connoît enfin l'angle au pôle ; cet angle
étant de quinze dégrés pour onze heures & une
heure, de trente pour dix heures & deux heures, &c. On dira donc : comme le rayon est au
finus de la latitude du lieu ; ainfi la tangente de
l'angle horaire est à la tangente de la diftance
cherchée. Voilà donc un point de chaque ligne
horaire trouvé fur l'horizon du cylindre (2).

II. Dans le même triangle, il est utile de
calculer l'angle formé par le cercle horaire &
l'horizon : on le trouvera par cette analogie.
Comme le rayon est au cofinus de la latitude ;
ainfi le finus de l'angle horaire est au finus de
l'angle cherché. Cet angle fera le complément de
celui qui est formé dans l'horizon par le cercle
horaire & le vertical. J'appellerai ce vertical qui
paffe par la commune fection de l'horizon & d'un
cercle horaire quelconque, *le vertical horizontal
du Soleil*, parcequ'en effet, fi le Soleil, fans quit-
ter le plan de fon cercle horaire, étoit cenfé
abaiffé jufqu'à l'horizon, il fe trouveroit alors
dans le plan de ce vertical. Il est manifefte que
la projection de ce vertical fur la furface du cylindre fe fera par une ligne verticale, dont la

____

(1) *N. B.* Cet horizon du cylindre peut être pris à difcrétion : mais il est clair qu'il fera toujours à la partie fu-
périeure du Cadran.

distance à la méridienne sera par tout égale à la distance que nous avons trouvée dans l'article précédent.

III. Pour trouver sur la méridienne le point de projection du pôle austral ou le centre du cadran, il faut se figurer un triangle rectiligne & rectangle, dont l'hypoténuse est la distance du centre de la sphere inscrite, au centre du cadran ; les deux autres côtés sont la distance du centre du cadran au point où la méridienne rencontre l'horizon, & la distance de ce dernier point au centre de la sphere. On est censé connoître ce dernier côté, qui est égal au demi-diametre du cylindre, & d'ailleurs l'angle au centre de la sphere est égal à la latitude du lieu. Il faut donc dire : le rayon est à la tangente de la latitude, comme le demi-diametre du cylindre est à la distance du centre du cadran à l'horizon sur la méridienne.

IV. Nous avons donc trouvé deux points de chaque ligne horaire, un commun à toutes ces lignes, & un particulier à chacune. Mais, comme ces deux points peuvent être fort distans l'un de l'autre, & que l'on ne trouveroit peut-être pas facilement des regles propres à tracer par ces deux points les lignes horaires elliptiques avec aisance & avec précision ; voici une méthode

pour

pour trouver fur les lignes horaires autant de points qu'on voudra, à des diſtances de l'horizon priſes à volonté. Je ſuppoſe, par exemple, que l'on veuille trouver le point de la ligne d'une heure qui doit être un pied, ou 144 lignes plus bas que l'horizon du cylindre, il eſt clair que ce point ſera déterminé, ſi l'on peut connoître ſa diſtance à la méridienne. Pour la connoître, j'abaiſſe de ce point cherché une perpendiculaire ſur le plan du vertical horizontal du Soleil d'une heure ; cette perpendiculaire néceſſairement horizontale ſera le côté d'un triangle rectiligne rectangle : l'autre côté ſera une verticale de 144 lignes, qui ſera dans le plan du vertical horizontal du Soleil, & qui ſe terminera dans le plan de l'horizon du cylindre, ou dans la commune ſection de cet horizon, du cercle horaire & du cercle vertical horizontal : enfin, l'hypoténuſe ſera toute entiere dans le plan du cercle horaire.

Il ſuit de cette conſtruction que l'angle formé par le ſecond côté & l'hypoténuſe ſera le même que celui que le cercle horaire fait avec le ver-tical horizontal ; nous avons trouvé cet angle ci-deſſus, N°. II. Pour connoître donc la perpen-diculaire abaiſſée du point cherché ſur le verti-cal horizontal du Soleil, je dirai : le rayon eſt à la tangente de l'angle formé par le cercle ho-

taire & le vertical horizontal, comme 144 lignes
eſt à la perpendiculaire cherchée. Dans un autre
triangle rectiligne rectangle, dont cette même
perpendiculaire, que je nomme A, forme un
côté, les deux autres côtés ſont déterminés par
deux lignes horizontales qui ſe rencontrent dans
l'axe du cylindre : une de ces deux lignes, qui
eſt l'hypoténuſe, & qui part du point cherché,
eſt égale au demi-diametre du cylindre. Je dirai
donc : le demi-diametre du cylindre eſt à A,
comme le rayon eſt au ſinus de l'angle à l'axe
du cylindre. Cet angle eſt meſuré ſur la ſurface
du cylindre par la diſtance du point cherché au
vertical horizontal du Soleil d'une heure : nous
avons trouvé, N°. I, la diſtance de ce vertical
à la méridienne ſur l'horizon du cylindre ; en
ôtant une diſtance de l'autre, nous aurons celle
de la ligne d'une heure à la méridienne, un pied
ou 144 lignes au-deſſous de l'horizon du cylindre.

V. Après avoir tracé les lignes horaires, il
s'agit de décider où le ſtyle ſera placé. Il eſt clair
d'abord qu'il doit être dans le plan de tous les
cercles horaires, ſi l'on veut qu'il ſerve d'axe ou
d'aiguille, comme il ſemble que la commodité
du Public le demande.

On ne peut certainement point placer cet axe

au point que j'ai appellé le centre du cadran : ce point eſt en bas, l'ombre du ſtyle ſe projetteroit encore plus bas, & les lignes horaires ſont en haut. Il eſt évident qu'un ſtyle, qu'un axe, que toute ligne qui ſera dans le plan d'un cercle horaire projettera toute ſon ombre dans ce plan & par conſéquent le long de la ligne horaire qui le repréſente, dès que le Soleil aura atteint ce même plan. Cela poſé, je me ſuis perſuadé que je ne pouvois mieux faire que de placer au haut de chaque ligne horaire, dans le plan de l'horizon du cylindre, un ſtyle dirigé à l'axe même du cylindre : ainſi, tous ces ſtyles ſeront dans la commune ſection de l'horizon, de leur cercle horaire, & de leur vertical horizontal. Les heures ſeront marquées immédiatement au deſſous. Les ombres de ces ſtyles ſeront vaguement & irrégulierement diſperſées çà & là, formant des angles très ſenſibles avec les lignes horaires correſpondantes : le ſtyle du cercle horaire où paſſe le Soleil, projettera ſeul ſon ombre le long de la ligne horaire qui paſſera par ſon pied. J'ai de plus avidement ſaiſi une idée du Maître Serrurier qui travaille à ces ſtyles. Nous raiſonnions ſur quelques agrémens dont on pouvoit décorer le ſommet de ces ſtyles : on étoit d'avis de les terminer par des fleurs de lis, des fleurons, &c. Le fieur Raynier, propofa de placer à leur extrêmité une plaque de cuivre fur laquelle feroit gravé, en gros caracteres & à jour, le chiffre de l'heure que le ftyle doit indiquer. Ainfi, lorfqu'il fera, par exemple, neuf heures du matin, le chiffre IX fera tracé en caracteres de lumiere au bas de la ligne de neuf heures, cette même ligne fera couverte de l'ombre de fon ftyle, & le chiffre IX répété au pied du ftyle ou au haut de la ligne horaire, ne laiffera aucun doute dans l'efprit du Spectateur. Je penfe que dès le premier jour le Public diftinguera l'heure fur ce cadran avec autant de facilité & avec auffi peu d'indécifion, qu'il le fait fur les cadrans plans, tant horizontaux, que verticaux.

VI. On peut donner aux ftyles une longueur à volonté, s'il ne s'agit que de marquer les heures : s'il faut y joindre les fignes du Zodiaque, on eft dans la néceffité d'ufer de quelque difcrétion. En leur donnant de faillie deux cinquiemes du diametre de la colonne, tout fera marqué : l'ombre en été paffera quelquefois, il eft vrai, au-delà du point de réunion des lignes horaires ; & par conféquent les lignes horaires voifines de midi fe croiferont en ce point ; mais il me paroît que ce n'eft point un inconvénient, puifqu'il n'en peut réfulter aucune confufion ; par rapport aux lignes horaires. Quant à ce qui regarde les arcs des signes, peu de personnes y font attention : ceux qui s'attachent à cette partie, suivront aisément la trace de ces arcs, dont quelques-uns se croiseront réellement au-dessous du point de réunion des lignes horaires. Je fais donner aux styles du cadran de la colonne, près de quatre pieds & demi de saillie : en conséquence, le tropique du Cancer ne pourra être marqué ni à neuf & dix heures du matin, ni à deux & trois du soir. Mais j'ai appréhendé qu'en donnant une moindre saillie aux styles, leur ombre ne devînt trop courte en hiver : ce second inconvénient m'a paru être d'une toute autre conséquence que le premier, & je ne pouvois éviter l'un, sans m'exposer à l'autre. Les styles marqueront le signe du Zodiaque où est le Soleil par l'extrêmité de leur ombre. Pour que cette extrêmité puisse se distinguer plus clairement, je fais passer par les sommets des styles un cercle ou un anneau de fer, trop foible pour charger les styles, ou pour les faire incliner, mais assez large pour projetter une ombre sensible sur le cylindre. Cet anneau me servira de plus à vérifier la position des styles, & à m'assurer qu'on leur aura donné la direction convenable vers l'axe du cylindre. Pour que cette direction foit précife, fi les ftyles font d'égale longueur, il faut que la diftance de leurs fommets fur l'anneau de fer foit proportionnelle à la diftance de leurs pieds fur l'horizon du cylindre.

VII. Il me refte à expofer comment on peut tracer les paralleles ou les arcs des fignes fur ce cadran cylindrique. Il faut chercher plufieurs points de chaque parallele, & joindre enfuite tous ces points par des lignes auffi régulierement courbes qu'il eft poffible. Pour trouver un de ces points tel, par exemple, que celui où le parallele des Gemeaux & du Lion coupe la ligne de deux heures, il faut d'abord, par les regles ordinaires, déterminer quel eft l'angle du vertical du Soleil avec le Méridien à deux heures du foir (& à dix heures du matin), lorfque le Soleil eft au commencement du Lion ou des Gemeaux. Il faut prendre la différence entre cet angle & la diftance du pied du ftyle de deux heures à la méridienne : on a trouvé cette diftance au N°. I. Il faut s'imaginer un triangle rectiligne dans le plan de l'horizon du cylindre ; un de fes côtés fera le ftyle même de deux heures, prolongé jufqu'à l'axe du cylindre ; ce côté eft cenfé connu : le fecond côté doit être pris horizontalement dans le plan du vertical actuel du Soleil, depuis le fommet du ftyle ; jufqu'à la rencontre

de la furface du cylindre, l'angle que ce côté
fait avec le côté précédent, eft manifeftement
égal à la différence que nous venons de trouver : enfin, le dernier côté joignant les deux
précédents, fera néceffairement égal au demi-
diametre du cylindre. On connoîtra donc dans
ce triangle deux côtés & un angle oppofé à un
de ces côtés. On dira : le demi-diametre du
cylindre eft au même demi-diametre augmenté
de la longueur du ftyle, comme le finus de l'angle au fommet du ftyle eft au finus de l'angle à
la furface du cylindre. Si ce finus excede le
rayon, c'eft une marque certaine que le point
cherché ne peut fe marquer fur le cylindre. L'angle trouvé par cette analogie eft toujours obtus,
ou au moins droit. Connoiffant deux angles du
triangle, on connoîtra le troifieme qui eft à
l'axe du cylindre. Ce troifieme angle donneroit
la diftance du point cherché au pied du ftyle,
& par conféquent fa diftance à la méridienne fur
l'horizon du cylindre, fi le Soleil étoit alors à
l'horizon. Suppofons qu'il y foit defcendu réellement, fans changer de vertical, l'extrêmité de
l'ombre du ftyle couvrira alors le point que
nous venons de déterminer : maintenant que le
Soleil remonte, toujours dans le plan du même
vertical, à la hauteur qu'il doit avoir à deux

heures du foir, en entrant dans les Gemeaux ou dans le Lion, l'extrêmité de l'ombre du ftyle defcendra par une ligne verticale fur la furface du cylindre. Pour trouver le lieu où elle s'ar- rêtera, il fuffit de fufpendre un fil à plomb, au point que nous venons de déterminer ; le point où ce fil a plomb coupera la ligne de deux heures, fera le point d'interfection de cette ligne horaire avec le parallele des Gemeaux & du Lion. On trouvera de même les autres inter- fections des lignes horaires avec les arcs des fignes repréfentant les paralleles.

VIII. Ces points ainfi trouvés, peuvent ne pas fuffire, tant à caufe de leur diftance, que parceque les courbes qui doivent repréfenter les paralleles, font d'autant plus irrégulieres qu'on a donné plus de faillie aux ftyles. Dans de telles circonftances, pour trouver autant de points que l'on veut, hors des lignes horaires, on peut procéder de la maniere fuivante. On fuppofe une heure quelconque, qui n'eft pas marquée fur le cadran, comme, par exemple, une heure vingt minutes : on cherche par le N°. I la dif- tance de cette heure à la méridienne fur l'hori- zon du cylindre : on pratique tout ce qui a été dit dans l'article précédent avec ces deux addi- tions : premiérement, outre le vertical actuel

du Soleil , on calcule ſa hauteur ſur l'horizon : outre cela, dans le triangle rectiligne que
nous avons ſuppoſé, on calcule auſſi le côté in-
connu, celui qui s'étend depuis le ſommet du
ſtyle, juſqu'au point déterminé ſur l'horizon du
cylindre. Enfin , ce côté faiſant partie d'un
triangle rectiligne, vertical & rectangle au point
déterminé ſur l'horizon ; l'autre côté ſera la
ligne verticale qui meſure ſur la ſurface du cylindre la quantité dont l'ombre du ſommet du
ſtyle eſt deſcendue , lorſque nous avons fait re-
monter le Soleil depuis l'horizon , juſqu'à ſa
véritable hauteur. C'eſt cette ligne qu'il s'agit
de connoître. L'angle au ſommet du ſtyle eſt ma-
nifeſtement déterminé par la hauteur du Soleil
ſur l'horizon. On fera donc l'analogie ſuivante :
le rayon eſt à la tangente de la hauteur du Soleil ſur l'horizon , comme le côté connu ou la
diſtance du ſommet du ſtyle au point déterminé
ſur l'horizon , eſt à la longueur de la verticale
depuis le point déterminé , juſqu'à l'extrêmité de
l'ombre du ſtyle. Ainſi , en ſuſpendant un fil
à-plomb au point déterminé ſur l'horizon du
ſtyle, & en portant le long de ce fil la longueur
trouvée par cette analogie , on déterminera un
point du parallele cherché.

Toute cette conſtruction ſuppoſe que l'on aura

préalablement bien orienté le cylindre ; il faut
pour cela que la méridienne soit tracée préci-
sément dans le plan du Méridien qui passe par
l'axe de la colonne. Entre plusieurs idées que j'ai
eues au sujet de cette méridienne, voici celle
qui m'a paru la plus certaine & la plus facile.
J'ai fait arrondir une plaque de fer, suivant la
courbure de la colonne ; sa longueur arrondie
étoit d'environ deux pieds, & sa largeur de dix
à douze pouces : elle portoit en son milieu un
axe ou un style bien perpendiculaire à sa circonférence. J'ai fait présenter cette plaque sur la
colonne plusieurs fois, en différents jours, tant
avant, qu'après midi : lorsque l'ombre du style
couvroit exactement un fil à-plomb, qui pendoit
du pied de l'axe, je faisois marquer l'instant à
la pendule, & je traçois sous le fil à-plomb une
petite ligne qui représentoit la projection du
vertical actuel du Soleil. Il m'étoit ensuite facile de calculer la distance de ce vertical au
Méridien, & de marquer cette distance en dégrés sur la colonne. La méridienne ainsi tracée,
a été ensuite vérifiée directement à la pendule.

Le cadran que je trace, conformément à la
méthode que je viens d'exposer, sera peut-être
censuré. Je mépriserai toutes les critiques qui
se borneront à m'accuser d'avoir mal fait : je

recevrai au contraire avec reconnoiffance, & je péferai, avec toute l'attention poffible, celles où l'on entreprendra de me montrer comment j'aurois pu mieux faire.

EXTRAIT DES REGISTRES

DE L'ACADÉMIE ROYALE DES SCIENCES

Du 4 Août 1764.

MESSIEURS DE MAIRAN & D'ALEMBERT, qui avoient été nommés pour examiner un Mémoire de M. Pingré fur la Colonne de la Halle aux Bleds, ci-devant l'Hôtel de Soiffons, & fur le Cadran cylindrique qu'on y conftruit, en ayant fait leur rapport, l'Académie a jugé cet Ouvrage digne de l'impreffion; en foi de quoi j'ai figné le préfent Certificat. A Paris le 7 Août 1764.

GRANDJEAN DE FOUCHY,
Secretaire perpétuel de l'Académie Royale
des Sciences.